Faits cocasses
Charades

Conception et illustration de la couverture :
Dominique Pelletier

Conception graphique :
Monique Fauteux

Illustrations de l'intérieur :
Steve Attoe

Éditions

SCHOLASTIC

100 blagues! Et plus…
N° 6
© Éditions Scholastic, 2005
Tous droits réservés
Dépôt légal : 3ᵉ trimestre 2013

Éditions Scholastic
604, rue King Ouest
Toronto (Ontario)
M5V 1E1
www.scholastic.ca/editions

ISBN : 978-1-4431-3445-3

5 4 3 2 1 Imprimé au Canada 140 13 14 15 16 17

Un Inuit fait les cent pas dans la rue... D'un geste nerveux, il sort un thermomètre de sa poche et murmure :

- Si elle est pas là à moins dix, je m'en vais!

Les autruches courent plus vite que les chevaux.

Mon premier est un petit rongeur.

Mon deuxième est synonyme
d'extrémité.

Mon troisième est entre le blanc
et le noir.

Mon tout est synonyme de ratatiné.

• •

Dans le gruyère, il y a des
trous. Plus il y a de gruyère,
plus il y de trous. Mais plus il y
a de trous, moins il y a de
gruyère! Donc, plus il y a de
gruyère, moins il y a de gruyère!

Pour célébrer les anniversaires,
les francophones du Canada
chantent, depuis le 24 juin 1976,
« **Mon cher... c'est à ton tour** »,
d'après une chanson de
Gilles Vigneault, *Gens du pays*.

- Dis, papa, t'as vu la voiture?
- Oui.
- Dis, papa, t'as vu la moto?
- Oui.
- Dis, papa, t'as vu la dame?
- Oui, j'ai vu!!!
- Dis papa, t'as vu la...
- OUI!!!
- Alors, pourquoi t'as marché dedans?

Pourquoi « abréviation » est-il un mot si long?

Un chercheur a découvert que l'être humain avale, au cours de sa vie, environ **douze** araignées pendant son sommeil.

Mon premier est le participe passé
du verbe « dire ».

Mon deuxième ne dit pas la vérité.

Mon troisième se dit quand on
demande le silence.

Mon tout est un jour de la semaine.

QUAND POUSSENT LES PETITS POIS?

RÉPONSE : EN AVRIL, CAR LES PETITS
POIS SONT D'AVRIL!
(LES PETITS POISSONS
D'AVRIL!)

COMMENT, DANS UNE PÂTISSERIE,
FAUT-IL RANGER LES PETITS PAINS
AU CHOCOLAT?

RÉPONSE : DANS L'ORDRE
DES CROISSANTS.

Au cinéma, il y a un vieux monsieur qui dérange tout le monde en cherchant quelque chose sous les fauteuils. Il fait lever toute une rangée de spectateurs.
À la fin, quelqu'un lui dit :

- J'en ai assez! Qu'est-ce que vous cherchez?

- Je cherche mon caramel!

- Votre caramel! Et c'est pour un caramel que vous dérangez tout le monde?

- Ben oui! Il y a mon dentier dessus!

L'un des produits dérivés de la saga
« Anne, la maison aux pignons verts »
est une réplique grandeur nature de
la maison d'Anne, très populaire au
Japon et... fabriquée au Canada.

Si je dors et que je rêve que je dors, faut-il que je me réveille deux fois avant de me réveiller complètement?

Une grosse baleine mange
au moins **deux tonnes**
de plancton par jour.

Pourquoi les kamikazes portaient-ils un casque?

••••••••••••••••••••••••••••••••••••

Mon premier est un synonyme de fatigué.

Mon deuxième est un grand conifère.

Mon troisième est le nombre d'éléments qu'il y a dans une paire.

Mon quatrième était petit pour l'astronaute et grand pour l'humanité.

Le chien branle mon cinquième lorsqu'il est content.

Mon tout apporte des œufs en chocolat aux enfants.

Il y a **1000** ans, le perdant
dans un jeu de balle maya
était parfois ligoté très serré
et servait **de balle**.

Une mère de famille, parlant de ses enfants, dit à l'institutrice.

- Mon premier est grippé, mon deuxième est grippé, mon troisième est grippé...

- Et votre **tout**?

- **Ma toux est contagieuse**, ajoute-t-elle.

Deux machines à laver jouent au football.

Un réfrigérateur apparaît et leur demande :

- Puis-je jouer avec vous?

Les deux machines à laver se mettent à rire et répondent :

- T'as déjà vu un réfrigérateur qui joue au football, toi?

QUEL EST L'ANIMAL LE PLUS HEUREUX ?

RÉPONSE : LE HIBOU, PARCE QUE SA FEMME EST CHOUETTE.

QUE DEMANDE UNE COCCINELLE DANS
UNE PHARMACIE?

RÉPONSE : AURIEZ-VOUS QUELQUE
CHOSE CONTRE
LES POINTS NOIRS?

Mon premier est un fromage
à pâte molle.

Mon deuxième est la partie
rétrécie de la bouteille.

Mon troisième change à
chaque année.

Mon tout est une activité
amusante.

Claire et Louis étaient fort amoureux l'un de l'autre, mais depuis qu'ils sont séparés, Claire est devenue sourde et Louis, aveugle : Claire a perdu Louis et Louis ne voit plus Claire.

Trois amis ont des noms vraiment étranges.

Un s'appelle **Fou**, un autre, **Rien**, et le dernier se nomme **Personne**.

Un jour, **Personne** tombe à l'eau. **Rien**, qui l'a vu faire, demande vite à **Fou** d'appeler la police. Alors **Fou** court au téléphone et dit :

- Bonjour, je suis **Fou**. J'appelle pour **Rien**. **Personne** est tombé à l'eau.

- Quel animal peut sauter plus haut qu'une maison?

- Ben, presque tous... (Avez-vous déjà vu une maison sauter?)

● ●

Un touriste s'adresse à un employé de Parcs Canada, à Banff : « J'ai vu un animal en me rendant ici. Pouvez-vous me dire ce que c'était? »

- Que dit un fantôme quand il est mal pris?

- Oh là là! Je suis dans de **beaux draps**!

• •

Un petit garçon veut réveiller son père qui fait tranquillement la sieste. Il le secoue, sans arriver à rien, puis il lui soulève une paupière et voit son œil.

- Je ne comprends pas pourquoi il ne répond pas, dit le gamin à sa mère. J'ai regardé à l'intérieur et il est bien là.

COMMENT APPELLE-T-ON
UN HIPPOPOTAME QUI FAIT
DU CAMPING?

RÉPONSE : UN HIPPOCAMPE

Deux femmes discutent.
L'une d'elles demande :

- Toujours amoureuse de
ton parachutiste?

L'autre répond :

- Non!

- Pourquoi?

- Je l'ai laissé tomber!

Toutes proportions gardées, le cou des poupées Barbie est **deux fois plus long** que celui des êtres humains.

- Il n'est pas question que je te donne un morceau de chocolat. Toi, tu ne me donnes jamais rien, dit Julien à son frère Frédéric.

- C'est même pas vrai. L'année passée, je t'ai donné la varicelle.

• •

Mon premier est une interjection qui sert à faire sauter.

Mon deuxième est ce qui recouvre le corps humain

Mon troisième est le résultat d'une addition.

Mon tout appartient à la famille des marsupiaux.

Un chercheur prétend que
nous mangeons chaque année
un kilo d'insectes, la plupart
étant broyés dans le beurre
d'arachide, la confiture de fraise
et la sauce à spaghetti.

Un petit nuage dit à sa maman :

- Maman! maman!, j'ai envie de faire **pluie pluie**.

En 1999, la Monnaie royale canadienne émettait environ 1 milliard de pièces de monnaie. Six cents millions étaient des pièces de 1 cent.

Devant l'école, les parents attendent depuis un bon moment quand un gamin sort seul en disant fièrement :

— Les autres sont tous punis!

Il s'éloigne avec ses parents et ajoute :

— Et moi, je suis renvoyé!

• •

Le professeur dit à Simon :

— Simon, avoue que ton père t'a aidé à faire ton devoir?

— Ben, non, m'sieur, je vous jure!

— C'est bien vrai?

— Oui, j'en suis sûr. Il l'a fait tout seul...

Le petit Émile demande à son père l'heure qu'il est.

- Dans dix minutes, il sera quatre heures.

- Je ne te demande pas l'heure qu'il sera dans dix minutes, mais l'heure qu'il est en ce moment!

• •

Deux escargots se promènent dans la campagne. L'un d'eux s'exclame soudain :

- Si on allait manger des cerises?

- Mais nous sommes en hiver!

- Eh ben justement, le temps qu'on **arrive**...

Comment fait-on **aboyer** un chat? On lui donne une soucoupe pleine de lait et il **la boit**!

• •

Mon premier est un mélange de terre et d'eau.

Mon deuxième n'est pas rapide.

Mon troisième est un pronom personnel.

Mon quatrième est abondamment cultivé en Chine.

Mon tout est un endroit où ça sent bon!

Un riche homme d'État persan ne voyageait jamais sans sa bibliothèque contenant près de 120 000 volumes.
Les 400 chameaux qui transportaient les livres se déplaçaient dans l'ordre alphabétique des ouvrages.

Mon premier est synonyme
de délicieux.

Mon deuxième est le féminin
de mon premier.

Mon troisième est à l'opposé
de demain.

Les enfants adorent ce qu'il
y a dans mon tout.

Le premier produit du monde
à posséder un code-barres qui
a été lu dans un supermarché
était un paquet de gomme à
mâcher Juicy Fruit de
Wrigley's, en 1974.

Un ado dit à son père :

- Papa, quand tu dis que je ne m'intéresse qu'à la **musique**, au **hockey** et aux **voitures,** au lieu de faire mes devoirs, tu as tort!

- Et pourquoi?

- Parce que je m'intéresse aussi aux **filles**, au **baseball**, aux **motos** et au **rap**!

- À quoi sert le dégivrage arrière sur une auto d'occasion?

- À ne pas se geler les mains quand on la pousse.

• •

Mon premier contient 365 jours.

On marche sur mon deuxième.

Mon troisième vient de la vache.

Je crie mon troisième lorsque mon équipe gagne.

Mon tout qualifie une journée idéale pour un pique-nique.

C'est Paul qui fait de la luge en compagnie de sa sœur Pauline.

Sa maman lui dit :

- N'oublie pas de prêter ta luge à ta sœur, hein, Paul!

- Oui m'man, je prends la luge pour descendre et Pauline la prend pour remonter.

● ●

Une dame essaie des chapeaux dans un grand magasin et demande à une vendeuse :

- Mais pourquoi vos chapeaux sont-ils si grands?

Et la vendeuse répond :

- Parce que vous êtes au rayon des abat-jour, madame.

Mon premier est inclus dans
mon deuxième.

Mon deuxième inclut souvent
des pions et des dés.

Mon troisième est au milieu
du visage.

Mon tout est le repas le plus
important de la journée.

Dans l'asile, un fou se promène avec une brosse à dents accrochée à une laisse. Le directeur le rencontre et lui dit :

- Qu'il est beau votre chien!

Le fou lui répond :

- Ne faites pas l'idiot! Vous voyez bien que c'est une brosse à dents!

Le directeur le libère, car il le croit guéri.

Une fois dehors, le fou dit à la brosse à dents :

- Tu vois, Médor, on l'a bien eu!

Pourquoi les éléphants se déplacent-ils en troupeau serré?

Parce que c'est celui du milieu qui a la radio.

· ·

Pourquoi les rhinocéros se déplacent-ils en troupeau serré?

Pour faire croire aux éléphants qu'ils ont aussi une radio.

Des chercheurs américains en sciences de l'environnement estiment qu'en 2005, les habitants des États-Unis perdront au total près de 7 milliards d'heures dans les embouteillages.

Lors d'un repas, un petit garçon est assis à côté de sa grand-mère :

- Dis, grand-maman...

- Les enfants ne doivent pas parler à table! dit-elle.

- Mais grand-maman...

- Tais-toi et mange proprement!

Au dessert, la grand-mère se penche vers son petit-fils :

- Que voulais-tu me dire, mon chéri?

- Qu'il y avait un gros **ver de terre** dans ta salade.

Les chenilles de certains papillons
n'attirent pas les oiseaux. Elles
ressemblent à de la fiente d'oiseau
bien fraîche.

Est-ce que les moutons **rapetissent** quand ils sèchent après la pluie?

• •

En 2000, le jour de la Saint-Valentin, 200 couples célèbrent leur mariage aux chutes du Niagara.

En cas de guerre nucléaire, est-ce que les pulsions électromagnétiques de la bombe thermonucléaire pourraient endommager les bandes de mes cassettes vidéo?

● ●

Mon premier sort du robinet.

Mon deuxième est une ligne droite composée d'écoliers.

Mon troisième est le 8e mois de l'année.

Mon quatrième passe plus vite quand on s'amuse.

Ce n'est pas sympa de dire à quelqu'un qu'il ressemble à mon tout.

Un fou est en train d'essayer
de démêler une pelote de laine.

Un autre arrive et dit :

- Ne cherche pas le bout,
je l'ai coupé!

Une dame est chez son médecin :

- Docteur, toutes les nuits, je
me prends pour un frigo et je suis
gelée.

- Attendez, je vais vous
ausculter; mais fermez d'abord
la bouche. La lumière me gêne.

Dans une basse-cour, une poule et un canard discutent :

- Il a fait un **froid de canard** cette nuit! s'exclame la poule.

- Ne m'en parlez pas, j'en ai encore la **chair de poule**, réplique le canard.

● ●

Mon premier est le contraire de noire.

Mon second tombe en hiver.

Mon tout est un personnage d'un conte de fées.

Un chat va voir son médecin :
- Docteur, auriez-vous un
sirop pour **ma toux**?

Le cœur humain bat environ
103 700 fois par jour.
Quelle journée!

C'est un fou qui repeint son plafond. Un autre fou arrive et lui dit :

- Accroche-toi au **pinceau**, j'enlève l'**échelle**.

• •

- Un sous-marin heurte un poisson rouge qui venait de sa gauche. Qui est dans son tort?

- Le sous-marin, parce qu'il n'avait rien à faire dans un bocal de **poissons rouges**!

Un homme de 80 kg devrait manger plus de 75 kg de bœuf haché chaque jour pour obtenir le même apport en nourriture qu'un colibri.

Un escargot s'est fait dévaliser par deux tortues. Son copain lui demande :

- Raconte-moi comment ça s'est passé?

- Pfff... **J'ai rien vu**... Tout s'est passé **si vite**!

• •

Mon premier est un liquide inodore et incolore.

Mon deuxième est la 1re note de la gamme.

Mon troisième est un animal qui vit dans les égouts.

Mon tout est un des cinq sens.

Un lion et une lionne sont dans la savane. La lionne dit au lion :

- Oh! Que tu es beau!
- Arrête! Tu vas me faire **rugir**!

· ·

Mon premier est un oiseau palmipède.

Mon deuxième est mon premier.

Mon troisième n'est pas carré.

Mon tout est un batracien qui a un nom rigolo.

- Bonjour, Monsieur, je voudrais une robe de chambre!

- Bien sûr, de quelle taille est la chambre?

Un colibri (oiseau-mouche) se nourrit de 7 à 12 calories de nectar par jour.

Deux poissons discutent :

- Comment ça va?

- Pas bien du tout, je suis déprimé.

- Allez, prends donc un **ver**, ça va te remonter.

· ·

Un fou est suspendu à une poutre du plafond. L'inspecteur en demande la raison au directeur de l'asile. Le directeur lui dit :

- C'est parce qu'il se prend pour un lustre.

- Ne peut-on pas le faire descendre maintenant?

- Oui, on le peut, mais avec quoi va-t-on s'éclairer ce soir?

QUEL ANIMAL EST TOUJOURS
PREMIER À LA COURSE?
RÉPONSE : UN POU CAR IL EST
TOUJOURS EN
TÊTE.

COMMENT APPELLE T-ON
UNE SOURIS QUI A UNE
PERRUQUE SUR LA TÊTE?
RÉPONSE : UNE CHAUVE-SOURIS.

Deux puces savantes font
des spectacles dans un cirque.
Un jour, il y en a une qui dit
à l'autre :

   - On commence à gagner
pas mal d'argent... Bientôt
on va pouvoir s'acheter
un chien!

Connaissez-vous les vers des glaciers? Ils se nourrissent de grains de pollen et d'algues sur les glaciers de l'Arctique, mesurent environ 2,5 cm de long et sont rougeâtres ou noirs. Ils meurent lorsque la température tombe sous –6 °C.

Dans le film à succès
« Le Gladiateur », on voit
des tomates. Pourtant, les tomates
ne sont arrivées en Europe qu'au
début du XIVe siècle, soit près de
1300 ans après la disparition
des gladiateurs.

Mon premier n'est pas ici.

Mon deuxième est utilisée pour couper du bois.

Mon troisième est un diminutif de garçon.

Mon quatrième est très bon lorsqu'il est frais (surtout avec une grosse pointe de gâteau aux pépites de chocolat).

Mon cinquième est la 6e note de la gamme.

On met un gâteau aux pépites de chocolat à cuire dans mon sixième.

Mon septième est la 3e note de la gamme.

Mon tout est le titre d'une fable célèbre.

- Qu'est-ce qui est jaune
et qui traverse les murs?
- Une banane magique.

Les bébés corneilles donnent
des cauchemars à leurs parents.
Ils essaient délibérément
de quitter leur nid avant même
d'avoir appris à voler.

Un type annonce à son collègue de bureau :

- Je pars pour **Milan**!
- Quoi! Si **longtemps** que ça?

• •

Deux fous entament une conversation :

- Vous saviez, vous, qu'il fallait **trois** moutons pour tricoter un foulard?

- Non! Je ne savais même pas que les moutons savaient tricoter!

Mon premier n'est ni ma, ni ta.

Mon deuxième est le masculin de mère.

On s'y met le soir et on en sort le matin.

Dans les petits de mon quatrième se trouvent les meilleurs onguents.

Mon cinquième est parfois bruyant, souvent gênant et toujours puant.

Mon tout est une exclamation rigolote.

QUELLES SONT LES LETTRES
LES PLUS VIEILLES?

RÉPONSE : A G

QUELLES SONT LES LETTRES
LES PLUS TURBULENTES?

RÉPONSE : A J T

QUELLES SONT LES LETTRES
QUI FONT BEAUCOUP
DÉPENSER?

RÉPONSE : H T

Comment appelle-t-on un pou sur la tête d'un chauve?

- Un sans-abri!

En moyenne,
1 000 000 000 000 000 000 000 000
de flocons de neige tombent au Canada chaque année. Cela représente un **septillion**.

Mon premier est le premier nombre entier.

Mon deuxième est 8 de plus que mon premier.

Mon troisième est 7 de moins que mon deuxième.

Mon quatrième est une fête religieuse.

Mon tout est sur la couverture.

- Comment s'appelle le journal publié au Sahara?

- **L'hebdromadaire.**

. . . .

Un jour, un monsieur entre dans une quincaillerie :

- Bonjour! Je voudrais un insecticide.

- C'est pour les moustiques ou pour les mites?

- C'est pour moi... J'ai le **cafard!**

- Vous connaissez l'histoire du lit vertical? Bof, vous ne perdez rien, c'est une histoire à dormir debout...

· ·

- Savez-vous qu'ils ont lancé un nouveau modèle de voiture bon marché avec quatre pédales : une pour l'embrayage, une pour le frein, une pour l'accélérateur et une pour gonfler le coussin gonflable.

Les girafes ne peuvent pas nager. Elles ne peuvent pas tousser non plus.

En hiver, la probabilité que la fermeture éclair de ton manteau rende l'âme est proportionnelle à la vitesse du vent et au nombre de degrés en dessous de zéro.

• •

Les poissons ont besoin de mon premier pour survivre.

Mon deuxième est la 17e lettre de l'alphabet.

L'oiseau construit mon troisième.

Mon quatrième protège le doigt lorsque l'on fait de la couture.

Si on ne résoud pas la charade, on trouve mon tout.

Comment appelle-t-on la femelle du **condor**?

La chambre à coucher, parce que c'est là **qu'on dort**.

· ·

Deux vis parlent d'un tournevis :

- Oh, celui-là, quel beau gosse!

- Il nous a bien fait tourner la tête.

Si jamais de la gomme
à mâcher se prend dans
tes cheveux, un bon truc :
nettoie-les avec du
beurre d'arachide.

Nicolas demande à Charlotte :

- Qu'est-ce que tu détestes le plus à l'école?

- Les **maths**, parce que ça me pose des **problèmes**.

· ·

- J'ai battu un record.

- Ah bon! lequel?

- J'ai réussi à faire, en **15** jours, un casse-tête sur lequel il était écrit « **de 3 à 5 ans** ».

En 1998, la Californienne Susan Williams bat tout un record : elle souffle une bulle de gomme à mâcher de 58 cm de diamètre.

Une jeune fille se plaint de son amoureux à son amie :

- À tous nos rendez-vous, il m'offre des fleurs **fanées**.

- Eh bien, essaie d'arriver à l'heure...

• •

Madame Labulle s'étonne de voir sa femme de ménage essuyer les vitres avec un mouchoir.

- Pourquoi n'utilisez-vous pas un chiffon?

- Mais, madame, c'est un mouchoir à carreaux!

Une femelle **kangourou** sort sa poche ventrale pour la mettre à sécher au soleil.

- Élever un enfant, dit-elle, c'est bien, mais à condition qu'il ne fasse pas régulièrement **pipi** au lit.

Quelle est la différence
entre la lettre « A » et
le clocher de l'église?

La lettre « A » est une
voyelle et le clocher,
c'est là qu'on **sonne**!

. . . .

Le détective s'adressant à
la victime :

- Si toutes les sorties étaient
surveillées, comment le voleur
a-t-il pu s'échapper?

- Il est sorti par l'entrée.

Il faut environ 3000 ans pour qu'un iceberg se forme, mais seulement quelques mois pour qu'il fonde lorsqu'il dérive au sud de Terre-Neuve.

Deux amis décident d'économiser un peu et se rendent dans les bois pour trouver un sapin pour Noël.

Au bout de deux heures de recherches intensives, le premier, exaspéré, s'exclame :

- Bon j'en ai marre, le prochain qu'on voit **avec** ou **sans** boules, on le prend.

Un bon soir, au souper, François
s'installe à table et mange d'abord
son gâteau.

- Mais qu'est-ce que tu fais là?
demande sa mère. Pourquoi
commences-tu par ton dessert?

- Oh! tu sais, maman, ce soir,
j'ai l'estomac tout à l'envers.

Mon premier est le 5e mois de l'année.

Mon deuxième est le participe passé du verbe dire.

Mon troisième est la 3e planète.

Mon quatrième est le temps que prend mon troisième pour faire le tour du Soleil.

Mon tout est une mer d'Europe.

- Quelle est la différence entre une voiture louée et un vendeur d'aspirateurs?

- Avec le vendeur, on peut fermer la porte.

· ·

Deux cosmonautes se rencontrent sur la Lune.
- Bonjour, dit l'un. Dans quel quartier habitez-vous?

QUELLE DIFFÉRENCE Y A-T-IL ENTRE
UN HORLOGER ET UNE GIROUETTE?

RÉPONSE : L'HORLOGER VEND
DES MONTRES ET
LA GIROUETTE MONTRE
LE VENT.

On demande à Julien s'il fait bien sa prière tous les soirs.

- Oh non! c'est ma mère qui la fait.

- Que dit-elle?

- Enfin, il est au lit. Merci, mon Dieu.

Mon premier est le contraire de « sur ».

On peut mettre de la confiture dans mon deuxième.

Mon troisième est rond, petit et vert.

Mon tout est un mets typiquement québécois.

Pourquoi « séparé » s'écrit-il tout ensemble alors que « tout ensemble » s'écrit séparé?

. . . .

Un petit garçon rentre de sa première journée d'école. Sa maman lui demande en l'embrassant :

- As-tu appris beaucoup de choses?

- Faut croire que non...

Je dois y retourner demain!

LA STATUE DE LA LIBERTÉ EST EN QUOI ?

RÉPONSE : ELLE ÉTEND SON BRAS.

- Quel est le comble pour un hélicoptère?
- C'est d'avoir des sièges **éjectables**.

Les manchots empereurs mâles
tiennent au chaud les œufs de
leur compagne en les balançant
sur leurs pieds. Ils restent
debout, sans manger, pendant les
quatre mois qui précèdent
l'éclosion.

Les personnes qui souffrent de narcolepsie s'endorment sans avertissement.

C'est Caroline qui dit à sa mère :

- Maman! Maman! J'ai eu 100 % dans mon bulletin!

- Oh oui? répond sa mère, fière de sa fille. Et dans quelle matière?

- Eh bien... j'ai eu 50 % en maths, et 50 % en anglais!

Chez le dentiste,
une maman supplie
son petit garçon :

- Sois sage, Timothée,
ouvre la bouche et fais
Aaaaaaaaaaaaah...
pour que le monsieur
puisse enlever ses
doigts...

. . . .

Une petite fille faisant ses
devoirs demande à son père :

- Papa, où sont les Rocheuses?

- Je ne sais pas. Demande à ta
mère : c'est elle qui range tout.

Mon premier est une pièce de vêtement que l'on porte aux pieds.

Mon deuxième n'est pas court.

Mon troisième est le trou de l'aiguille.

Mon quatrième est le féminin de frère.

Mon tout est un jeu où deux équipes s'affrontent.

Comme les méridiens qui divisent
la Terre en fuseaux horaires se
rencontrent tous aux pôles Nord
et Sud, on peut alors décider
de l'heure qu'il est quand on est
à ces endroits.

Le patron à son employé :

- Est-ce que vous croyez à la vie après la mort?

- Heu, oui patron...

- Ah! alors tout va bien. Parce que, hier, après que vous avez quitté le travail plus tôt pour aller à l'enterrement de votre grand-mère, elle est passée pour vous dire un petit bonjour.

Selon le Conseil national
américain sur la santé, le
« paintball »
(jeu guerrier où les projectiles
sont des capsules de peinture)
est légèrement plus dangereux
que les quilles.

Dans un train, une voyageuse demande à son voisin de banquette :

- Je vais à Montréal. Comment pourrai-je savoir quand je serai arrivée?

- Pas de problème, répond le monsieur. Surveillez-moi attentivement et descendez une station avant moi.

• •

Georges et Thomas sont en auto. George conduit. Tout à coup, Georges s'écrie :

- Ah non! on n'a plus de freins!

Thomas lui répond :

- C'est pas grave. Il y a un arrêt en bas de la rue.

La tour de Pise a commencé à pencher en l'an 1173, tout juste après la construction des trois premiers étages. Il a fallu 300 ans pour terminer l'édifice, qui penche encore.

Message lu à l'endos d'un
pare-soleil en carton pour
les pare-brise de voitures :
« Ne pas conduire lorsque
le pare-soleil est en place. »

- Vous servez des **nouilles** ici?

- Oh bien sûr! On sert tout le monde.

● ●

Une femme qui se targue d'être très élégante se vante auprès d'une de ses amies :

- Moi, je me change quatre fois par jour!

- J'ai fait comme vous jusqu'à l'âge de deux ans, réplique l'autre. Maintenant, je suis devenue propre.

Pourquoi les moutons se brossent-ils les dents lorsqu'ils ont chaud?

Parce que ça rafraîchit l'haleine (la laine).

. . . .

Mon premier est le cri que l'on pousse lorsque l'on se blesse.

Mon tout ne rafraîchit pas l'haleine (même celle des moutons).

Une jeune étudiante
californienne, Kathleen
McFarlin, conçoit sur mesure
et vend des vêtements faits
de ruban adhésif pour
conduits d'aération.

Après avoir tenté de créer, sans succès, un substitut au caoutchouc, Peter Hodgson a une idée pour son produit rose : l'emballer dans un œuf de plastique et le vendre sous le nom de « Silly Putty ».

Un homme vient d'acheter une voiture neuve, mais faute de garage, il est obligé de la laisser dans la rue pendant la nuit. Comme il sait que les voleurs de radios d'auto n'hésitent pas à briser les vitres et à fracturer les portières, il met sur son pare-brise l'écriteau suivant :

– **Il n'y a pas de radio dans cette auto.**

Le lendemain matin, plus de voiture. À la place où elle se trouvait, il ne reste que l'écriteau, sur lequel on a rajouté :

– **Ce n'est pas grave, on en fera mettre une.**

C'est une jolie petite antenne de télé qui est tombée amoureuse d'un paratonnerre. Elle murmure :

- Dis, tu y crois toi, au coup de foudre?

. . . .

Un employé à son patron :

- Monsieur le Directeur, mon salaire n'est pas en rapport avec mes capacités!

- Oui, vous avez raison, mais nous ne pouvons tout de même pas vous laisser mourir de **faim**...

La Monnaie royale canadienne
évalue à environ 2700 pièces de
1 cent cachées dans les tirelires,
les pots de confiture vides et les
tiroirs des foyers canadiens.

Chez le dentiste :

- Vous avez une dent morte. Je vous fais une couronne?

- Non merci. Enterrez-la sans cérémonie.

· ·

Deux microbes se rencontrent :

- Tu es pâle, qu'est-ce que tu as?

- Je suis malade. J'ai avalé une aspirine.

Un touriste pose la question :
« Comment les orignaux font-ils
pour savoir où se trouvent les
traverses d'orignaux sur la route? »

À 17h15, du lundi au vendredi, environ 12 pour cent des adultes canadiens sont dans leur voiture.

D'un point de vue strictement
botanique, les tomates sont
des fruits, tout comme
les concombres.

- Oui, monsieur le commissaire, mon père est maire, ma tante est sœur. J'ai un cousin qui est frère et mon frère est masseur.

●●●●●●●●●●●●●●●●●●●●●●●●●●●●●●●●●

Un arbuste dit à un géranium : « Espèce d'empoté! »

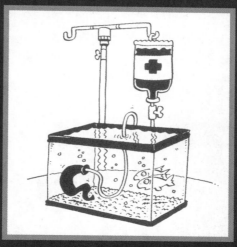

La quantité de sang qu'une sangsue peut absorber en cinq minutes équivaut à cinq fois son poids.

Solutions des charades